Le Château de Chambord

Secrets d'une famille

Theresa Marrama

TABLE DES MATIÈRES

ACKNOWLEDGMENTS

A big **MERCI BEAUCOUP** to the following people: Wendy Pennett, Pamela Gick Vasquez, Teresa Torgoff, Melynda Atkins, Jennifer Degenhardt, Françoise Piron, and Anny Ewing.

A special **MERCI** to my French IV students at Madrid-Waddington Central School who took the time to read this story and provide feedback that was so immensely helpful: Megan Burwell, Caleb Froats, Caitlin Harris, Alyson Mayette-Oshier, Matt Robinson, Sydney Rivera, and Madison White.

Not only did all of you provide great feedback but your support and encouragement were amazing while writing this novel.

Chapitre 1
Une visite au Château[1] de Chambord

– Jean ! On y va !

Jean est dans sa chambre. Il joue aux jeux vidéo. Il a 17 ans et comme d'autres garçons de son âge, il aime beaucoup les jeux vidéo.

– Où maman ? Je joue aux jeux vidéo ! crie Jean.

– Jean, on va au Château de Chambord ! crie sa mère.

---

[1] **château** – castle

– Mais, pourquoi, maman ? Je ne veux pas visiter de châteaux. Je veux rester à la maison, répond Jean.

– Tu ne peux pas rester à la maison. Tu viens avec moi.

Jean se prépare pour aller au château avec sa mère, mais il n'est pas content.

– Pourquoi est-ce que tu **veux que j'aille**[2] au château maman ? demande Jean.

Sa mère ne répond pas immédiatement. Elle entre dans la voiture. Jean entre aussi dans la

---

[2] **veux que j'aille** – want me to go

voiture. C'est évident que sa mère est **distraite**[3].

– J'ai de mauvaises nouvelles, Jean. Ton grand-père est mort.

Jean regarde sa mère, perplexe.

– Je sais maman. Il est mort il y a 15 ans. Et je ne le connaissais pas. Et ça n'explique pas pourquoi on va au château de Chambord.

– Je suis toujours responsable de ses **affaires**[4]. Je vais parler avec un **avocat**[5] au château.

---

[3] **distraite** – distracted
[4] **affaires** – business, things
[5] **avocat** – lawyer

– Quelles affaires ? Pourquoi au château ? Pourquoi maintenant ? demande Jean.

– Je sais que l'avocat veut que j'aille au château pour lui parler. Et il veut que tu m'accompagnes.

Jean ne comprend pas pourquoi l'avocat veut qu'il aille au château avec sa mère. Il n'a jamais rencontré son grand-père. Sa mère ne parle jamais de son père.

Finalement, ils arrivent au château. Jean n'en croit pas ses yeux. Le château n'est pas grand, il est ÉNORME. C'est comme une scène dans un film.

Il entre dans le château avec sa mère. Il est fasciné. Tout est grand. Tout est énorme.

Sa mère entre dans une grande salle. C'est une bibliothèque. Il y a beaucoup de livres. Jean pense : « Est-ce possible pour une personne de lire tous ces livres ? » Jean regarde une grande peinture au centre de la **salle**[6]. Sur la peinture, il y a un homme. Est-ce que l'homme de la peinture le regarde ?

---

[6] **salle** – room

Chapitre 2
Une surprise

– Qui est l'homme sur cette peinture, maman ? demande Jean curieusement.

– Jean, je dois te dire quelque chose… Ton grand-père…

À ce moment- là, un homme entre dans la grande salle et dit :

– Bonjour Madame Girard.

– Bonjour Monsieur Martin, répond la mère de Jean.

– Et toi, tu es Jean, n'est-ce pas ? Le seul et l'unique Jean, dit l'homme.

Jean ne sait pas pourquoi l'avocat l'adresse comme ça, mais il répond :

– Oui, je suis Jean.

– D'accord. Je veux discuter des affaires de votre père, Madame Girard. De ton grand-père, Jean.

– Monsieur Martin, je suis sûre qu'il n'y a pas grand-chose à discuter. Je n'ai pas parlé à mon père depuis longtemps, explique la mère de Jean.

– Oui, je sais, répond l'avocat.

– Est-ce que vous pouvez expliquer la raison de ma présence ici ? demande la mère de Jean. Et la présence de mon fils ?

L'homme regarde Madame Girard d'un air bizarre. Il rit un peu et dit :

– Oui, Madame Girard. Je suis sûr que vous ne comprenez pas tout. Tout est basé sur le **testament** [7] de votre père. Je vais vous expliquer.

Jean regarde sa mère. Elle a l'air perplexe. Lui aussi est perplexe. Il regarde l'avocat. L'avocat **montre du doigt le portrait**[8] dans la bibliothèque et dit à Jean :

– Ton grand-père, Monsieur Jean-Paul Chambord, était un homme intelligent. C'était un bon ami. Et toi, Jean, tu es un garçon **chanceux**[9], très chanceux.

---

[7] **testament** – will
[8] **montre du doigt le portrait** – points to the portrait
[9] **chanceux** – lucky

Jean, perplexe, regarde la peinture.

– Cet homme, c'est mon grand-père ? Mais, pourquoi y a-t-il une peinture de mon grand-père dans le château de Chambord ? »

Chapitre 3
Une explication

Jean regarde sa mère.

— Oui, Jean. Ton grand-père habitait dans ce château. C'était sa maison. C'était notre maison quand j'étais jeune.

— Quoi ! Tu habitais dans un château quand tu avais mon âge ?

— Oui, en effet.

— Ouah !!! Incroyable ! Et tu as déménagé quand ton père est mort, il y a 15 ans ?

— Euh, pas exactement…

— Comment 'pas exactement…' ?

— Je n'étais pas tout-à-fait honnête avec toi

au sujet de ton grand-père. Il n'est pas mort il y a 15 ans. Il est mort il y a 2 semaines.

Jean n'en croit pas ses oreilles.

– Mais, maman, pourquoi tu ne m'as jamais dit ?

– Je ne t'ai rien dit parce que je voulais te protéger.

– Me protéger ? Comment ? Pourquoi ?

– Je ne t'ai rien dit parce que j'avais peur…

– Tu avais peur de quoi ? C'était mon grand-père, répond Jean.

– Je voulais que tu sois une personne bien. Je voulais te protéger, explique sa mère.

Jean, perplexe, regarde la peinture de son grand-père. Il regarde sa mère et dit :

— Mon grand-père était vivant pendant toute mon enfance et je n'ai pas eu l'occasion de le connaître ? En fait, je ne suis pas chanceux… »

Chapitre 4
Le testament de Monsieur Chambord

Jean regarde l'avocat et il dit :

– Je ne comprends pas. Pourquoi est-ce que je suis chanceux ? »

L'avocat a des papiers dans les mains. Il les regarde pendant un moment. Il regarde Jean et lui dit :

– Ton grand-père est très clair dans son testament. Tu es dans son testament, explique Monsieur Martin.

– Qu'est-ce que vous voulez dire, je suis dans son testament ? demande Jean.

Jean regarde l'homme, qui ne dit rien. Il regarde sa mère.

– Monsieur Martin, je ne comprends pas. Vous êtes sûr que Jean est dans le testament de mon père ? Mon père **ne connaissait pas**[10] Jean. Je suis sûre que c'est une erreur.

Jean regarde sa mère. Il ne comprend pas la situation. Pourquoi est-ce qu'il est dans le testament de son grand-père ? Pourquoi ? Il ne connaissait pas son grand-père. Il n'a jamais parlé à son grand-père. Il ne connaissait pas son grand-père, grâce à sa mère. Il voit son grand-père pour la première fois aujourd'hui et

---

[10] **ne connaissait pas** – didn't know

seulement sur une peinture. Pour ça, il se sent **trahi**[11].

– Je peux tout expliquer, Madame Girard.

L'homme regarde un papier et continue :

– Moi, Jean-Paul Chambord III, **lègue toutes mes affaires**[12] à mon petit-fils, Jean Chambord. Je lui lègue mon château et toutes mes affaires dans le château.

Jean regarde sa mère et dit :

– Maman, est-ce que cet homme est sérieux ? Qu'est-ce qui se passe ?

---

[11] **trahi** – betrayed
[12] **lègue toutes mes affaires** – leave all my things

Sa mère le regarde.

– Je ne sais pas Jean. Je ne sais pas.

Monsieur Martin interrompt la conversation et dit :

– Jean, il y a d'autres choses dans le testament.

Il continue à lire le document :

– Je lui lègue aussi mon **entreprise**[13].

Jean regarde sa mère perplexe.

– Entreprise, quelle entreprise ?

---

[13] **entreprise** – business

L'avocat regarde la mère de Jean, perplexe. Jean pense : « Oui, l'avocat aussi veut savoir pourquoi ma mère ne m'a jamais dit ça ! »

Sa mère regarde Jean. Elle explique :

– Jean, je vais t'expliquer. Ton grand-père fait partie de la famille Chambord. La plus grande famille de France. La famille est connue pour « Le Chocolat Chambord », le chocolat le plus populaire qui ait jamais existé en France.

– Le Chocolat Chambord ! Le chocolat Chambord est vraiment l'entreprise de MON GRAND-PÈRE ? Mon grand-père est l'homme du Chocolat Chambord et tu ne l'as jamais mentionné ? demande Jean, très surpris et fâché.

– Oui, ton grand-père était l'homme du Chocolat Chambord, Jean. Tu es un garçon chanceux, très chanceux, interrompt l'avocat.

L'homme donne le papier à Jean qui le regarde. Sa mère le regarde aussi.

Jean lit :

Moi, Jean-Paul Chambord III, lègue toutes mes affaires à mon petit fils, Jean Chambord.

Je lègue mon château et toutes mes affaires dans le château. Je lègue aussi mon entreprise - Chocolat Chambord.

Jean-Paul Chambord III

Chapitre 5
La recette

— Maman, tout le monde connaît l'histoire du Chocolat Chambord. J'ai entendu dire que la **recette**[14] du chocolat **a disparu**[15] il y a longtemps. C'est vrai, la recette du chocolat Chambord a disparu, n'est-ce pas ? demande Jean.

— Oui, Jean, mais tout le monde ne sait pas que ton grand-père était responsable de cette disparition.

---

[14] **recette** – recipe
[15] **disparu** – disappeared

– Comment était-il responsable ? demande Jean.

– Il venait d'une famille riche. Et il voulait devenir encore plus riche quand il a ouvert l'entreprise Chocolat Chambord. Il a toujours travaillé. Le travail et l'argent étaient ses deux seules priorités, pas sa famille.

– O.K. Mais pourquoi est-ce que c'est lui qui est responsable d'avoir perdu la recette ? demande Jean.

– Je ne sais pas, mais il a perdu la recette. Je sais qu'il était distant. Il était trop occupé avec son entreprise, et il n'était pas présent dans ma vie quand j'étais jeune. C'était difficile d'avoir un rapport avec lui. Après que la recette a disparu, il n'était plus la même personne, explique sa mère.

Jean regarde sa mère et dit :

– Pourquoi tu ne m'as jamais expliqué ça ?

Sa mère regarde Jean, sérieusement.

– Jean, cette entreprise **n'a causé que**[16] des problèmes à mon père et à ma famille. Je ne veux pas que tu aies les mêmes expériences.

Monsieur Martin interrompt la conversation et dit :

– Jean, je dois t'en dire plus. Dans le testament de ton grand-père, il y a aussi ce

---

[16] **n'a causé que** – only caused

détail important : sa **dernière volonté**[17] était que tu sauves son entreprise, l'entreprise de la famille.

– Moi, sauver l'entreprise ? J'ai seulement 17 ans…

---

[17] **dernière volonté** – last wish

Chapitre 6
La lettre

Monsieur Martin continue à expliquer :

– Ton grand-père t'a aussi laissé une lettre, Jean. Il t'a demandé de la lire en privé. Pendant que je discute des autres détails avec ta mère, pourquoi ne pas explorer le château ?

Il donne la lettre à Jean. Jean la prend. Il regarde la lettre. Il regarde sa mère.

– Oui, Jean, donne-nous un moment pour discuter des détails. Tu peux explorer le château, dit sa mère.

Avec la lettre dans les mains, Jean sort de la bibliothèque pour explorer le château. Il y a des grandes portes. Il y a beaucoup de salles et beaucoup de chambres. Il y a beaucoup de peintures, de grandes peintures sur les murs.

Jean se dit :

– Ce château est trop grand, les corridors sont **infinis**[18] !

Finalement, il voit une porte qui est différente des autres portes. La porte est de

---

[18] **infinis** – never-ending

couleur or. Toute la porte est décorée d'images
du chocolat et le logo du Chocolat Chambord.

Jean touche la porte.

Il crie :

– Oh là là ! C'est incroyable !

La lettre de son grand-père tombe par terre. Il reprend la lettre. Il ouvre la grande porte en or et entre dans la grande salle.

Il regarde **partout**[19]. Il voit beaucoup de peintures. Ce sont des peintures de différentes machines. Il y a aussi des peintures de toutes sortes de chocolats.

– C'est l'histoire du Chocolat Chambord ! crie Jean.

---

[19] **partout** – all over

À ce moment-là, Jean ouvre la lettre de son grand-père. Pour une raison **quelconque**[20], il sait que c'est dans cette salle qu'il doit lire la lettre.

Il commence à lire :

Cher Jean,

Je suis sûr que M. Martin t'a tout expliqué. Maintenant, le château Chambord, tout dans le château et l'entreprise Chocolat Chambord, sont à toi. Je suis sûr que tu es très surpris. J'imagine que ta mère n'a jamais expliqué le lien, mais maintenant tu dois comprendre. Dans le passé, et ce n'est pas un secret, l'entreprise Chocolat Chambord avait beaucoup d'argent et l'argent peut causer beaucoup de problèmes. L'argent peut détruire une famille. Demande à ta mère… N'oublie pas ça ! Je veux que tu comprennes tout, mais maintenant il est important que j'explique mon plan : j'ai laissé 5 indices[21] dans

---

[20] **pour une raison quelconque** – for some reason
[21] **indices** – clues

différentes parties du château. Si tu peux trouver les indices, toutes mes affaires, le château, et mon entreprise sont à toi. Il y a aussi 3 objets que tu vas trouver en cherchant les 5 indices. Ces objets sont importants !

Si tu trouves tous mes indices et tous les objets, mon histoire et l'importance de mon entreprise vont apparaître au grand jour[22]. Il y a une grande surprise qui t'attend, mais c'est important que tu gardes le secret ! Quand tu auras tout fini, tu comprendras tout, alors tu pourras commencer une carrière dans le monde du chocolat ; un monde qui peut changer ta vie.

Le premier indice : Regarde dans mon bureau et tu trouveras un objet qui ressemble à une barre de chocolat. J'espère que tu aimes le chocolat. Mais qui n'aime pas le chocolat ?

Jean-Paul Chambord III

---

[22] **apparaître au grand jour** – to become apparent

Chapitre 7
La barre de chocolat

Jean regarde la lettre qu'il a dans les mains.

– Je n'arrive pas à croire ce qui se passe. C'est incroyable que Chocolat Chambord fasse partie de ma famille ! Ma mère ne m'a jamais rien dit à ce sujet ? Pourquoi est-ce qu'elle n'était pas honnête ?

Il regarde autour lui, dans la salle.

– Mon grand-père habitait dans ce château ?

Il voit un grand **bureau**[23] dans le coin de la salle. Il pense à la lettre dans sa main. Il pense au premier indice.

Il marche vers le bureau. Il met la lettre sur le bureau. Il observe tout. Il ouvre un **tiroir**[24] du bureau et voit un objet en or qui ressemble à une barre de chocolat. Il le prend. Il le regarde, mais il ne comprend pas pourquoi son grand-père mentionne cette barre de chocolat comme indice.

À ce moment, sa mère entre dans la grande salle.

— Jean, tu es là ? demande sa mère.

---

[23] **bureau** – desk
[24] **tiroir** – drawer

– Oui maman, répond Jean, irrité.

Il ne veut pas voir sa mère à ce moment. Il ne veut pas lui parler non plus.

– Jean, on doit retourner à la maison.

Immédiatement, Jean met la barre de chocolat dans sa poche. Il ne veut pas que sa mère la voie.

– Jean, qu'est-ce que tu fais ? Tu viens ? demande sa mère, impatiente.

– Oui, maman, j'arrive, répond Jean, très irrité.

Dans la voiture, Jean pense à tout ce qui s'est passé. Il pense à la lettre. Il pense à la barre de chocolat dans sa poche et à l'indice qu'elle représente. Il pense à son grand-père et à combien il veut comprendre pourquoi sa mère n'a pas dit la vérité à son sujet. Jean regarde sa mère et demande :

— Maman, pourquoi tu n'as jamais dit la vérité sur mon grand-père ? Pourquoi tu n'as jamais dit qu'il était vivant ?

Il y a un silence.

— Maman, pourquoi est-ce que je n'ai jamais pu le rencontrer ?

Sa maman ne dit rien. C'est évident qu'elle réfléchit. C'est évident qu'elle est triste. Finalement, après un voyage silencieux, ils arrivent à la maison et elle dit :

– Jean, je n'ai pas de bonnes réponses pour toi. Tout ça m'a surprise. J'ai beaucoup d'émotions. Je suis fâchée contre mon père. Je suis choquée par la situation. Je ne sais pas pourquoi ton grand-père a fait ça, répond sa mère.

– Tout ça t'a surprise ? Tu as beaucoup d'émotions ? C'est moi qui ai trouvé que mon grand-père est mort… pour la deuxième fois ! Je suis fâché, maman. Je suis choqué par la situation. Je ne sais pas pourquoi tu ne m'as pas dit la vérité, répond Jean.

– Je suis vraiment désolée, Jean. Je ne voulais pas que tu apprennes sa mort de cette façon.

– Si tu ne voulais pas que j'apprenne la mort de mon grand-père comme ça, alors pourquoi est-ce que tu ne m'as rien dit ? Comment est-ce que j'allais l'apprendre ? Quand est-ce que j'allais l'apprendre ? demande Jean.

Sa mère va dans sa chambre. Jean ne dit rien. Il réalise que sa mère a beaucoup d'émotions. Il réalise qu'elle est triste. Quand elle commence à pleurer, il est triste pour elle. Mais il est aussi fâché parce qu'il n'a jamais eu l'occasion de passer du temps avec son grand-père… à cause de sa mère !

Jean va dans sa chambre. Il va à son lit. Il joue aux jeux vidéo pour se distraire quand il remarque la barre de chocolat dans sa poche. Il la sort de sa poche. Il l'observe

soigneusement[25]. Il touche tous les côtés de la barre. Soudain, il entend un bruit. Une petite partie de la barre s'ouvre et il voit quelque chose **dedans**[26]. C'est une clé. Il la regarde attentivement et voit trois lettres sur la clé : « ADN ».

« ADN ? Mon grand-père est Jean-Paul Chambord : J.P.C. Qu'est-ce que ça veut dire ? » se demande Jean.

Sur la clé il y a trois lettres avec le symbole d'une **double hélice**[27]. Il est sûr que c'est une partie de l'indice, mais comment ?

---

[27] **double hélice** – double helix

Chapitre 8
L'escalier

Quelques jours plus tard, la mère de Jean annonce :

— Jean, on va au château pour y passer quelques semaines.

Jean n'est pas triste de quitter la petite maison. Il n'est pas triste d'habiter dans un château. En réalité, qui n'aimerait pas habiter dans un château ?

Dans la voiture, sa mère lui demande :

— Jean, ça va ? Il y a beaucoup de choses qui se sont passées récemment. Il y a beaucoup de choses qui vont changer aussi.

— Oui, beaucoup de choses se sont passées. Tout est **irréel**[28]. C'est tout à fait incroyable **que je sois propriétaire**[29] d'un château. J'ai 17 ans et j'ai un château ! C'est incroyable ! dit Jean.

— Jean, tu as seulement 17 ans et un château est une grande responsabilité. Ce n'est pas une responsabilité pour un ado. Un château et une entreprise sont de grandes responsabilités pour les adultes. Tu es trop jeune pour cette responsabilité, explique sa mère.

— Maman, je comprends que c'est une grande responsabilité, mais je pense qu'il y a une raison pour laquelle mon grand-père m'a

---

[28] **irréel** – surreal
[29] **que je sois propriétaire** – that I am owner

choisi comme **héritier**[30], pas toi. En plus, je pense que cette raison est basée sur ton passé avec ton père et que tu dois m'expliquer ce passé, annonce Jean sérieusement.

C'est évident que sa mère n'est pas contente de sa réponse. Elle le regarde et dit :

– Une raison, tu dis... Mon père n'avait jamais de bonnes raisons pour ce qu'il faisait.

Jean regarde sa mère pour en savoir plus, mais elle continue en silence.

---

[30] **héritier** – inheriter

Finalement, ils arrivent au château de Chambord. Jean regarde le château et il pense au premier indice. Il pense à la clé.

Il doit comprendre le symbole de la double hélice **gravé**[31] sur la clé et quel est le lien avec le château…

— Jean, tu viens ? crie sa mère qui est à l'entrée du château.

---

[31] **gravé** – engraved

Jean est perdu dans ses pensées et il n'a pas vu sa mère quitter la voiture.

– Oui, maman. J'arrive avec les cartons. Je dois choisir une chambre, mais il y a beaucoup d'options.

Sa mère le regarde et elle rit un peu.

– Maman, il y a plus de 400 (quatre cents) chambres. Je peux en choisir plus d'une si je veux ! Ce château est le plus grand château de la vallée de la Loire et l'un des plus extraordinaires de toute l'Europe !

– Oui, Jean. Il y a plus de 400 (quatre cents) chambres ! répète sa maman.

– Maman, il y a 83 (quatre-vingt-trois) escaliers et 282 (deux cent quatre-vingt-deux) **cheminées**[32], explique Jean.

Il y a beaucoup de choses que Jean ne sait pas sur le château. Il marche au centre du hall du château et il voit soudain un escalier. C'est un escalier pas comme les autres. C'est un escalier unique, tout à fait unique.

---

[32] **cheminées** – chimneys

– Oh regarde l'escalier ! C'est incroyable !

– Oui, c'est le grand escalier à double hélice. Selon l'histoire du château, Leonard de Vinci, le célèbre artiste italien, a participé au dessin de cet escalier, explique sa mère.

Immédiatement, Jean pense à la clé et il dit :

– Double hélice… A.D.N…. A.D.N., ce n'est pas une personne, c'est l'**ADN**[33] ! L'ADN a la structure d'une double hélice et voilà un escalier qui ressemble à une double hélice ! Il y a un **lien**[34] !

Sa mère le regarde et demande :

– Hein ? Qu'est-ce que tu as dit ?

– Oh, c'est sans importance, répond Jean.

---

[33] **ADN –** DNA
[34] **lien –** link, connection

Chapitre 9
Un panneau secret

– Jean, tu m'écoutes ? demande sa maman.

– Oui, je t'écoute, mais cet escalier est incroyable !

– Bon, moi je vais poser mes affaires dans une chambre.

Jean monte l'escalier. Il monte l'escalier pendant qu'il observe tout autour de lui. Il voit beaucoup de symboles similaires. Ces symboles représentent l'image d'une salamandre. Il y a beaucoup de salamandres sur le **plafond**[35]. Il y a beaucoup de salamandres sur les murs. Il y a

---

[35] **plafond** – ceiling

aussi la lettre « F » qui est répétée sur le plafond

et sur les murs.

Jean entre dans la première chambre qu'il voit. Il ne veut pas choisir une chambre maintenant. Il met les cartons par terre. Il sort de sa poche la clé qu'il a trouvée. Il marche vers l'escalier. Il observe attentivement l'escalier. Il recommence à monter l'escalier.

— Je ne sais pas pourquoi la clé est importante... Il n'y a pas de porte pour l'utiliser...

À ce moment-là, il trébuche et il tombe. Il tombe par terre et la clé tombe de sa main. Quand il est par terre, il regarde le mur et il dit :

— Qu'est-ce que c'est ? Il y a une partie du mur qui n'est pas de la même couleur ?

Il touche le mur et le mur bouge un peu.
C'est un **panneau**[36]. C'est un panneau secret.
C'est un panneau qui est **fermé à clé**[37].

– La clé ! Où est la clé ?

Il voit la clé par terre. Il la prend et la met
dans la **serrure**[38] du panneau. Il tourne la clé et
entend un bruit.

« Clic ! »

Le panneau secret s'ouvre. Il met sa main
dedans[39]. Il touche quelque chose, c'est un

---

[36] **panneau** – panel
[37] **fermé à clé** – locked
[38] **serrure** – keyhole
[39] **dedans** – inside

papier. Il prend le papier et il le regarde. Sur le papier, il y a un message qui dit :

« L'HISTOIRE DU CHOCOLAT »

UN TITRE QUI PEUT TOUT EXPLIQUER

Jean continue à regarder le papier. Il se dit : « *un titre qui peut tout expliquer*. Peut-être que c'est quelque chose qui explique comment mon grand-père a créé son entreprise ? »

— Jean, où es-tu ? crie sa mère.

Il ferme rapidement le panneau secret. Il met la clé et le papier dans sa poche.

– J'arrive, répond Jean.

Chapitre 10
Un titre qui peut tout expliquer

— Jean, tu as choisi une chambre ? demande sa mère.

— J'ai mis mes affaires dans la première chambre que j'ai trouvée. Je veux explorer le château pour en choisir une.

— C'est évident que le château est énorme, Jean, donc je veux que tu choisisses une chambre **près de la mienne** [40], d'accord ? explique sa mère.

---

[40] **près de la mienne** – close to mine

Jean ne répond pas à sa mère. Il ne veut pas choisir une chambre près d'elle.

– Pourquoi est-ce qu'il y a la lettre « F » partout dans le château ?

– La lettre « F » est la première lettre du nom de l'homme qui **a fait construire**[41] ce château. Il s'appelait François Ier. Il était roi de France à l'époque et c'est lui qui a commencé la construction du château en 1519, explique sa mère

– Oh, O.K. J'ai faim.

---

[41] **a fait construire** – built

– Je vais téléphoner à Uber Eats pour commander quelque chose pour le dîner. Qu'est-ce que tu veux manger ?

– Un sandwich jambon-fromage s'il te plaît, maman.

Jean continue à explorer le château. Il est sûr qu'il y a beaucoup d'histoires dans ce château. Il y a beaucoup de choses qu'il ne sait pas, beaucoup de choses qu'il veut comprendre au sujet du château. Il veut en savoir plus sur son grand-père et sur son entreprise.

Jean pense au message qu'il a trouvé.

– Un titre… C'EST UN LIVRE ! La bibliothèque ! Je vais le chercher dans la bibliothèque. La grande salle où nous avons parlé avec M. Martin l'autre jour a beaucoup de livres. Je vais y aller et chercher le livre !

Jean entre dans la bibliothèque. Quand il entre dans la salle, il regarde autour de lui. Immédiatement, il voit la grande peinture de son grand-père sur le mur. Mais maintenant, il est sûr que l'homme regarde dans l'autre direction.

– Que c'est bizarre ! Ça doit être mon imagination, pense Jean.

Il y a des livres partout.

– Je ne sais pas exactement comment trouver un certain livre au milieu de tous ces volumes !

Il se dit :

— Est-ce possible de lire tous ces livres ?
C'est incroyable ! Je ne sais pas par où
commencer !

Il voit une **échelle**[42] dans le coin de la pièce.
Il la prend et il monte.

Il commence à chercher le livre intitulé
L'histoire du chocolat. Mais soudain, il voit un
livre qui n'est pas comme les autres livres. Ce
livre attire son attention. Ce livre est de couleur
or. Il est différent. Il le prend et dit :

---

[42] **échelle** – ladder

– Hein ? *L'histoire du chocolat.*

Il est content. Il ouvre le livre et il y a beaucoup de photos de chocolat. Il y a beaucoup d'informations sur le chocolat et comment il a été inventé. Il y a beaucoup d'informations sur les méthodes de **fabrication**[43] du chocolat dans le monde. Jean continue à tourner les pages quand il voit une page qui est **déchirée**[44]. Sur la page il y a une photo de la statue s'un oiseau. La statue attire son attention.

– J'ai déjà vu cette statue. Mais où ?

---

[43] **fabrication** – production
[44] **déchirée** – torn, ripped

Il voit un message **écrit à l'encre**[45] près de la photo qui dit : *Si tu touches sa tête rien ne se passe, mais si tu touches son aile tout va être clair.*

— Ah, ah ! J'ai vu la statue dans la salle où j'ai trouvé le premier indice ! J'ai vu cette statue sur le bureau !

---

[45] **écrit à l'encre** – written in ink

Il commence à descendre de l'échelle quand

il entend la voix de sa mère.

Chapitre 11
Un visiteur au château

– Jean, qu'est-ce que tu fais ? crie sa mère.

Sa mère est entrée dans la bibliothèque, mais il ne l'a pas entendue. Il **a failli**[46] tomber quand elle est entrée. Il a rapidement fermé le livre.

– Tu m'as fait peur ! répond Jean.

– Désolée, mais pourquoi est-ce que tu es sur l'échelle ? Qu'est-ce que tu fais ? demande sa mère curieuse.

---

[46] **a failli** – almost

Jean doit penser à une excuse rapidement. Il ne veut pas expliquer qu'il cherche un indice que son grand-père a laissé. Il ne sait pas exactement quoi dire mais il veut changer de sujet. Il répond :

– Rien de spécial, je regarde simplement les livres. Il y en a beaucoup. Est-ce possible de lire tous ces livres ? C'est incroyable !

Sa mère regarde partout dans la bibliothèque. Elle semble triste, très triste.

– Cette bibliothèque était exactement comme ça pendant mon enfance, dit sa mère, tristement. Rien n'a changé.

Jean regarde sa mère. Pour la première fois, il est triste pour sa mère. En réalité, son père à elle est mort, pas juste son grand-père.

Elle continue :

– Oui, c'est incroyable mais nous avons un visiteur.

– Hein ? Je ne comprends pas. Qui ? demande Jean pendant qu'il descend de l'échelle.

À ce moment-là, un jeune homme entre dans la salle. Il a les cheveux bruns. Il est très grand et il porte des lunettes. Jean ne connaît pas cet homme.

– Bonjour Madame. Bonjour Monsieur Girard. Je suis Luc Gauthier. Je travaille pour l'entreprise Bonbons Chocolats. Je veux discuter de Chocolat Chambord.

Jean regarde l'homme. Il ne comprend pas, mais il répond, perplexe :

– O.K.

– Je m'intéresse à ton entreprise. Je sais que ton grand-père t'a légué Chocolat Chambord, mais je voudrais l'acheter, explique l'homme.

Jean regarde l'homme, puis il se tourne vers sa mère.

– Jean, je sais que ton grand-père t'a choisi pour gérer son entreprise, mais la vendre te donnerait l'argent nécessaire pour payer tes études à l'université. Je pense que c'est une bonne idée si tu la vends, explique sa mère.

Jean écoute sa mère et regarde la peinture de son grand-père sur le mur. Il est sûr que son grand-père a écrit la lettre et laissé les indices pour une bonne raison. Il y a quelque chose qu'il doit trouver. Il ne peut pas vendre l'entreprise Chocolat Chambord.

— Monsieur Gauthier, merci pour votre offre, mais beaucoup de choses se sont passées très rapidement. En ce moment, je ne suis pas prêt à prendre une décision aussi importante, explique Jean.

– J'ai besoin d'une réponse tout de suite, répond M. Gauthier.

– Je suis désolé, M. Gauthier, mais si vous insistez sur une réponse immédiate, la réponse est non, répond Jean.

– D'accord, je suis sûr que tu fais une erreur, mais si tu changes d'avis, téléphone-moi, répond l'homme.

Il donne à Jean une carte avec son numéro de téléphone et il quitte le château.

– Jean, Chocolat Chambord est une énorme responsabilité. Je ne veux pas que tu aies l'entreprise, dit sa mère.

– Ce n'est pas ta décision. Mon grand-père m'a laissé son entreprise et je ne veux pas la vendre, pas encore. Je veux en savoir plus sur l'entreprise. Je veux en savoir plus sur mon grand-père. Je veux comprendre ce qu'il y a à faire, explique Jean.

– Mais Jean. Tu dois aller à l'université. Il faut que tu continues ton éducation.

Jean ne répond pas parce qu'il comprend que sa mère n'est pas d'accord avec lui. Il est sûr que sa mère ne comprend pas

Sa mère le regarde, mais elle ne répond pas.

Chapitre 12
La statue

Sa mère quitte la bibliothèque et Jean va immédiatement à la salle où il a lu la lettre et où il a vu la statue.

Il pense à son grand-père et à ses indices ! Jean est très fasciné par tout ce qu'il a découvert.

Il ouvre la porte et là sur le bureau, il voit la statue.

Il marche vers le bureau. Il regarde la statue. Il l'examine. Il met le livre sur le bureau et l'ouvre. Il examine le message qui est écrit dans le livre : *Si tu touches sa tête rien ne se passe, mais si tu touches son aile tout va être clair.*

— Je ne comprends pas, si je touche son aile tout va être clair. Pourquoi son aile ?

Jean touche la statue sur l'aile, mais rien ne se passe. Il ne comprend pas. Il soulève la statue et l'examine attentivement en la touchant. Il ne voit rien de différent.

Je ne comprends pas, c'est juste une statue, pense Jean. Il remet la statue sur le bureau et soudain, il entend un bruit. Il regarde la statue et son aile **bouge**[47]. Jean examine de nouveau l'aile.

– Qu'est-ce que c'est que ça ? Il y a quelque chose dans la statue. C'est un papier.

Il sort le papier de la statue. Il l'ouvre et il est fasciné par l'image qu'il voit.

---

[47] **bouge** – moves

– Oh OUAH ! Que c'est intéressant ! Une carte, mais de quoi ? crie Jean. Qu'est-ce que c'est que ça ? Il y a quelque chose qui est écrit sur la carte mais c'est bizarre, je ne peux pas le lire. Les lettres sont à peine visibles.

Jean tient le papier à la lumière et tout s'explique.

– Je n'en crois pas mes yeux. Il y a une lettre. C'est une lettre de mon grand-père qui se cache derrière la carte.

Jean continue à examiner le papier.

– C'est incroyable, on peut seulement la voir si on la met à la lumière ! crie Jean et il continue à lire la lettre :

CHER JEAN,

TU AS TROUVÉ MA LETTRE. ET TU AS TROUVÉ TOUS
LES INDICES QUI ONT MENÉ À CETTE LETTRE. EST-CE
QU'UN HOMME T'A RENDU VISITE POUR OFFRIR
D'ACHETER CHOCOLAT CHAMBORD ? J'ESPÈRE QUE
TU AS DIT « NON » ! C'EST LUC GAUTHIER. IL NE VA
JAMAIS S'ARRÊTER D'OFFRIR D'ACHETER
L'ENTREPRISE , MAIS IL NE PEUT PAS L'ACHETER. IL
EST LA RAISON POUR LAQUELLE J'AI DES TAS DE
PROBLÈMES.

JE VEUX QUE TU COMPRENNES TOUT, MAIS
MAINTENANT C'EST IMPORTANT QUE TU UTILISES
LES 3 OBJETS QUE TU AS TROUVÉS POUR ENTRER
DANS LE MONDE SECRET DU CHOCOLAT. UN MONDE
QUI VA CHANGER TA VIE. LES OBJETS, UTILISE-LES !
TON GRAND-PÈRE,

JEAN-PAUL CHAMBORD

Jean examine la lettre **de plus près**[48] et il voit que le nom de son grand-père est différent. Il y a des nombres à la place des lettres. Les nombres : 3...0...6. Jean est sûr que ces nombres sont importants, mais comment ? Il doit comprendre et il doit examiner tous les objets qu'il a trouvés et analyser la carte !

---

[48] **de plus près** – more closely

Faits sur le château de Chambord

– C'est le plus grand château de la vallée de la Loire.

– Le château appartient à l'état.

– Le château est l'un des plus reconnaissables d'Europe.

– Le château a été un hôpital pendant la guerre franco-prussienne de 1870.

– Le beau château du film de Disney « La belle et la bête » (1991) a été basé sur le château de Chambord

– Il y a plus de 300 images de petites salamandres sur les plafonds et sur les murs du château.

– L'emblème de François Ier était la salamandre avec la devise : « Je nourris le bon feu et j'éteins le mauvais ». C'est la raison pour laquelle il y a beaucoup d'images de salamandres partout dans le Château de Chambord.

Glossaire

A

a - has
accompagnes - accompany
acheter - to buy
ado - teenager
adresse - address
adultes - adults
affaires - things, matters, business
âge - age
ai - have
aies - have
aile - wing
aille - go, goes
aime - like, likes
aimerait - would like
aimes - like
air - air, way
ait - has
allais - was going
aller - to go

alors - so
ami - friend
analyser - to analyze
annonce - announces
ans - years
apparaître - to appear
appartient - belongs
apprendre - to learn
apprenne - learn
apprennes - learn
après - after
argent - money
arrivent - arrive
artiste - artist
as - have
attend - waits
attention - attention
attentivement - attentively

attire - attracts
au - to the, in the
aujourd'hui -
today
auras - will have
aussi - also
autour - around
autre(s) - other
autre -
aux - to the, at the
avais - had
avait - had
avec - with
avis - opinion
avocat - lawyer
avoir - to have
avons - have

B

barre - bar
basé(e) - based
beau - beautiful
beaucoup - a lot
belle - beautiful
besoin - need
bibliothèque -
library

bien - well
bizarre - strange
bon - good
bonbons - candy
bonjour - hello
bonne(s) - good
bouge - moves
bruit - noise
bruns - brown
bureau - desk

C

cache - hides
carrière - career
carte - map
cartons - boxes
cause de - because
of
causer - to cause
causé - caused
ce - this
célèbre - famous
cent(s) - hundred
centre - center
certain - certain
ces - these

c'est - it is
cet - this
cette - this
chambre(s) - bedroom(s)
chanceux - lucky
changer - to change
changes - change
changé - changed
cheminées - chimneys
château(x) - castle(s)
cher - dear
cherchant - looking for
cherche - looks for
chercher - to look for
cheveux - hair
chocolat(s) - chocolate(s)
choisi - chose
choisir - to choose
choisisses - choose
choqué(e) - shocked

chose(s) - thing(s)
clair - clear
clic - click
clé - key
coin - corner
combien - how much
commander - to order
comme - like, as
commence - starts
commencer - to start
commencé - started
comment - how
comprend - understands
comprendras - will understand
comprendre - to understand
comprends - understand
comprenez - understand
comprennes - understand
connaître - to

know
connaissais - knew
connaissait - knew
connue - known
construire - to build
content(e) - happy
continue - continues
continues - continue
contre - against
côtés - sides
corridors - hallways
couleur - color
crie - yells
croire - to believe
crois - believe
croit - believes
créé - created
curieuse - curious
curieusement - curiously

D

d'accord - ok, in agreement
dans - in
de - from, of
dedans - inside
demande - asks
demandé - asked
depuis - since
dernière - last
derrière - behind
des - some
descend - goes down
descendre - to go down
dessin - drawing
deux - two
deuxième - second
devenir - to become
devise - motto
difficile - difficult
different - different

differente(s) - different
dîner - dinner
dire - to say, to tell
dis - say
discute - discuss
discuter - to discuss
disparition - disapparance
disparu - disappeared
distant - distant
distraire - to distract
distraite - distracted
dit - says, told
doigt - finger
dois - have to
doit - has to
donc - so
donne - gives
donnerait - would give
du - of the

déchirée - torn, ripped
décorée - decorated
découvert - discovered
déjà - already
déménagé - moved
désolé(e) - sorry
détail(s) - detail(s)
détruire - to destroy

E

échelle - ladder
écoute - listens
écoutes - listen
(en) effet - that's right
elle - she
emblème - emblem
en - in
encore - even

encre - ink
enfance - childhood
énorme - enormous
entend - hears
entendu(e) - heard
entre - between
entreprise - company
entrée - entered
époque - era
erreur - error
es - are
escalier - stairway
escaliers - stairs
espère - hope
est - is
est-ce que - is it that
et - and
étaient - were
étais - was
était - was
état - state
éteins - turn off
études - studies

été - was
eu - had
évident - obvious
exactement - exactly
examine - examines
examiner - to examine
existé - existed
explication - explanation
explique - explains
expliquer - to explain
expliqué - explained
explorer - to explore
extraordinaires - extraordinary

F

faché(e) - angry
façon - way
fabrication - production

(a) failli - almost
faim - hunger
faire - to do, to make
fais - do
faisait - used to do
fait - did, made, makes
faits - facts
famille - family
fasciné - fascinated
fasse - makes
(il) faut (que) - you must
ferme - closes
fermé - closed
feu - fire
film - movie
fils - son
finalement - finally
fini - finished
fois - time
France - France
fromage - cheese

G

garçon - boy
gardes - keep
grâce à - thanks to
grand - big
grande(s) - big
grand-père - grandfather
gravé - engraved
guerre - war
gérer - to manage

H

habitais - used to live
habitait - used to live
habiter - to live
histoire - story, history
histoires - stories
homme - man
honnête - honest
(double) hélice -

(double) helix
héritier - hier

I

ici - here
idée - idea
il - he
ils - they
image(s) -
image(s)
immédiate -
immediate
immédiatement -
immediately
impatiente -
impatient
importance -
importance
important(s) -
important
importante -
important
incroyable -
incredible
indice(s) - clue(s)
infinis- never-

ending
informations -
information
insistez - insist
intelligent -
intelligent
interrompt -
interrupts
intitule - titled
intéressant -
interesting
intéresse -
interests
inventé - invented
irrité - irritated
irréel - surreal
italien - Italian

J

j' - I
jamais - never
jambon - ham
J'arrive - I am
coming
je - I
jeune - young
jeux (vidéo) -

video games
joue - plays
jour(s) - day(s)
juste - fair

L

l' - the; him; her; it
la - the; it
laissé - left
laquelle - which
le - the; him; it
lègue - leave
légué - left
les - the
lettre(s) - letter(s)
lien - connection
lire - to read
lit - reads
lit - bed
livre(s) - book(s)
longtemps - long time
lu - read
lui - him, to him, to her
lumière - light

lunettes - glasses

M

m' - me, to me
ma - my
madame - Mrs.
main(s) - hand(s)
maintenant - now
mais - but
maison - house
maman - mom
manger - to eat
marche - walks
mauvais - bad
mauvais(es) - bad
me - me, to me
mené - led
mentionne - mentionne
mentionné - mentioned
merci - thanks
mes - my
met - puts
mienne - mine
milieu - middle
mis - put

moi - me
mon - my
monde - world
monsieur - mister
monte - goes up
monter - to go up
mort - died
mur(s) - wall(s)
méthodes -
methods

N

ne... jamais -
never
n'... pas - not
ne... pas - not
ne... rien - nothing
nom - name
nombres -
numbers
non - no
notre - our
nourris - feed
nous - we
(de) nouveau -
again
nouvelles - news

numéro - number
nécessaire -
necessary

O

objet(s) - object(s)
observe - observes
occasion -
opportunity
occupé - busy
offre - offers
offrir - to offer
oiseau - bird
on - we
or - gold
oreilles - ears
(n') oublie (pas) -
(don't) forget
oui - yes
ouvert - opened
ouvre - opens

P

panneau - sign
par - by
parce que -

because
parle - talks
parler - to talk
parlé - spoke
participé -
participated
partie(s) - part(s)
partout -
everywhere
pas (encore) - not
(yet)
(se) passe - is
happening
passer - to spend
passé(es) -
happend
payer - to pay
(à) peine - hardly
peinture(s) -
painting(s)
pendant - during,
while
pense - thinks
penser - to think
pensées - thoughts
perdu - lost
perplexe -
confused
personne - person

petite(s) - small
petit-fils -
grandson
peu - little bit
peur - fear
peut - can
peux - can
plafond(s) -
ceiling(s)
plan - plan
pleurer - to cry
plus - more
poche - pocket
populaire -
popular
porte(s) - door(s)
porte - is wearing
poser - to ask
pour - for
pourquoi - why
pourras - will be
able
pouvez - can
premier - first
première - first
prend - takes
prendre - to take
près - near
priorités - priority

privé - private
problème(s) -
problem(s)
propriétaire -
owner
protéger - to
protect
prépare - prepares
présence -
presence
pu - could
puis - then

Q

qu' - that
quand - when
quatre - four
que - that
quel - what, which
quelconque -
some
quelle(s) - which
quelque(s) - some
qu'est-ce que -
what
qui - who
quitte - leaves

quitter - to leave
quoi - what

R

raison(s) -
reason(s)
rapidement -
quickly
rapport -
relationship
recette - recipe
recommence -
starts again
reconnaissables -
recognizable
regarde - looks at
regarder - to look
at
remarque -
notices
remet - puts back
rencontrer - to
meet
rencontré - met
rendu visite -
visited
reprend - takes

back
représente - respresents
représentent - represent
responsabilité - responsibility
résponsabilités - responsibilities
ressemble - resembles
rester - to stay
retourner - to return
riche - rich
rien - anything, nothing
rit - laughs
roi - king
réalise - realizes
réalité - reality
récemment - recently
réfléchit - thinks
répète - repeats
répétée - repeated
répond - responds
réponse(s) - response(s)

S

sa - his, her
sais - know
sait - knows
salamandre(s) - salamander(s)
salle(s) - room(s)
sans - without
s'appelait - was named
sauver - to save
sauves - save
savoir - to know
se - himself, herself
selon - according to
semaines - weeks
semble - seem
sent - feels
serrure - keyhole
ses - his, her
s'est passé - happened
seul - only
seulement - only
seules - only

s'explique - explains
si - if
s'il te plait - please
silencieux - silent
similaires - similar
simplement - simply
soigneusement - carefully
sois - be
soit - is
son - his, her
sont - are
sort - goes out
sortes - sorts
soudain - suddenly
spécial - special
suis - am
sujet - subject
(au) sujet (de) - about
sur - on
surpris(e) - surprised
surprise - surprise
sérieusement - seriously
sérieux - serious

T

t' - you, to you
ta - your
tard - late
tas - so many
te - you, to you
temps - time
(par) terre - on the ground
tes - your
testament - will
tient - holds
tiroir - drawer
titre - title
toi - you
tombe - falls
tomber - to fall
ton - your
touchant - touching
touche - touches
touches - touch
toujours - always
tourne - turns

tourner - to turn
tous - all
tout - everything; all
toute(s) - all, entire
tout de suite - all of a sudden
trahi - betrayed
travail - work
travaille - works
travaillé - worked
très - very
triste - sad
tristement - sadly
trois - three
trop - too
trouver - to find
trouveras - will find
trouves - find
trouvé - found
trouvé(e)(s) - found
trébuche - trips
tu - you
téléphone - telephone
téléphoner - to call

U

un - a, an
unique - unique
université - university
utiliser - to use

V

va - goes
vais - go
vallée - valley
vas - go
venait - came
vendre - to sell
vends - sell
vers - towards
veut - wants
veux - want
vie - life
viens - come
vingt - twenty
visibles - visible

visiter - to visit
visiteur - visitor
vivant - living
voie - sees
voilà - there is
voir - to see
voit - sees
voiture - car
voix - voice
volonté - wish
vont - go
votre - your
voudrais - would
like
voulais - wanted

voulait - wanted
voulez - want
vous - you
voyage - trip
vrai - real, true
vraiment - really
vu - saw
vérité - truth

Y

y - there
yeux - eyes

ABOUT THE AUTHOR

Theresa Marrama is a French teacher in northern New York. She has been teaching French to middle and high school students since 2007. She is the author of many language learner novels and has also translated a variety of Spanish comprehensible readers into French. She enjoys teaching with Comprehensible Input and writing comprehensible stories for language learners.

Theresa Marrama 's books include:

Une Obsession dangereuse, which can be purchased at
www.fluencymatters.com

Her French books on Amazon include:

Une disparition mystérieuse
L'île au trésor : Première partie :
La malédiction de l'île Oak
L'île au trésor : Deuxième partie :
La découverte d'un secret
La lettre
Léo et Anton
La maison du 13 rue Verdon
Mystère au Louvre
Perdue dans les catacombes
Les chaussettes de Tito
L'accident
Kobe – Naissance d'une légende
Kobe – Naissance d'une légende (au passé)
Zeinixx

Her Spanish books on Amazon include:

La ofrenda de Sofía
Una desaparición misteriosa
Luis y Antonio
La carta
La casa en la calle Verdón
La isla del tesoro: Primera parte: La maldición de la isla Oak
La isla del tesoro: Segunda parte: El descubrimiento de un secreto
Misterio en el museo
Los calcetines de Naby

El accidente
Kobe – El nacimiento de una leyenda (en tiempo presente)
Kobe – El nacimiento de una leyenda (en tiempo pasado)

Her German books on Amazon include:

Leona und Anna
Geräusche im Wald
Der Brief
Nachts im Wald
Die Stutzen von Tito
Der Unfall
Kobe – Geburt einer Legende
Kobe – Geburt einer Legende (past tense)
Das Haus Nummer 13

Check out Theresa's website for more resources and materials to accompany her books:

www.compellinglanguagecorner.com

Check out her e–books :

www.digilangua.co

Made in the USA
Monee, IL
23 May 2024

58844584R00059